JN440623

오늘의문학 시인선 417

세월의 흔적

권영국 시조집

오늘의문학사

국립중앙도서관 출판예정도서목록(CIP)

세월의 흔적(痕迹) : 권영국 시조집 / 지은이: 권영국. --
대전 : 오늘의문학사, 2018
p. ; cm. -- (오늘의문학 시인선 ; 417)

ISBN 978-89-5669-900-4 03810 : ₩9000

한국 현대 시조[韓國現代時調]

811.36-KDC6
895.715-DDC23 CIP2018007304

세월의 흔적

|책머리글|

문학의 여러 장르 가운데 시조는 우리나라의 고유문학이다. 3장 6구 45자 내외의 평시조는 우리 시조의 주류를 이루어 오고 있다. 특히 종장의 첫 구 3.5 음수율을 맞춰야 하는 것이 평시조의 명령이다. 노산 이은상 씨가 종장이 없는 양장시조를 시도해 보았지만 독자들의 호응을 별로 얻지 못하였다. 사설시조, 엇시조 등이 있지만 평시조가 지금까지 시조의 주류를 이루고 있는 것은 그만큼 독자층의 호응이 높다는 증거다.

짧은 글 속에 많은 생각을 넣기란 그리 쉬운 일이 아니라는 것을 몇 수의 시조를 써 보면서 느낀 사실이다. 그런데 우리 선조들은 고려 말 시조가 처음 탄생하면서부터 시조가 그 시대의 역사적 사실이나 애국적 감정, 개인적 사상 감정을 여실히 드러내었으니 이것이 시조가 갖는 문학적 매력이다.

산문에 비해서 운문은 언어의 축약에 의해서 많은 사상 감정을 어떻게 표현하느냐, 너무 주관적으로 쓰다 보니 독자들의 호응을 얻기 어렵고, 너무 난해한 언어를 구사하다 보니 독자들이 이해하기 어렵게 된다. 이런 것들이 저자(화자)가 독자(청자)들을 잃는 요인이 아닌가 한다. 한 편의 글을 독자들이 얼마나 맛갈나게 읽도록 하고 감동을 신선하게 주느냐에 따라 시인으로서 위치가 정해진다고 해도 과언은 아닐 것이다.

국어 시간 교과서에 나오는 몇 수의 고시조나 현대시조를 학생들 과 같이 감상하면서 우리 민족의 정서를 단적으로 담아내는 그릇이 시조라는 것을 더욱 반갑게 접하게 되었다. 세월이 지나면서 시조 애호가들이 점점 늘어가고 있는 현상은 그만큼 우리 고유문학에 대한 애착심이 많다는 것을 증명하는 것이다. 반가운 일이다.

우리 겨레시인 시조가 널리 퍼져 나아가길 빈다.

차례

1부 단시조

2부 연시조

3부 동시조

1부

단시조

길

길이 끝나는 곳에 새 길이 시작되고
길이 시작되는 곳에 끝나는 길이 있다.
처음과 끝 길 이어서 어디론가 가고 있다.

세월

내가 가는 길 묻지 말고 오는 길 묻지 마세요.
잎이 피고 꽃이 피고 잎이 지고 꽃이 지고
달 돋고 해가 지면은 살짝 왔다 가지요.

아버지 산소

못난 아들은 아버지를 미국 땅에 묻고 왔다.
성(姓)도 다르고 이름도 다른 먼 머언 이국 땅
제상(祭床) 앞 엎드려 울고 용서 빌며 또 울었다.

어버이 은혜

여덟 자식 낳고 길러 남은 건 피골(皮骨)인데
식솔(食率)들의 뒷바라지 팔십년도 짧다 시네.
하늘이 넓다고 한들 어버이에 비할 손가.

오누이

같은 핏줄 한배 되어 형이요 아우인데
먹여주고 나눠주고 네 것 내 것 따로 있나.
가정의 효도 우애를 가훈으로 정할지니.

시골 장터

오일장 시골 장터 발걸음이 바쁘다.
간이 밴 고등어 한 손 한손에 달랑달랑
제 각각 주인을 따라 하루해가 저문다.

인연 하나로

처음부터 너와 나는 생면(生面)의 남이었습니다.
가까운 길도 옆에 두고 먼 길을 돌아서 가는
하나의 인연으로만 끈을 잇는 남이었습니다.

이별 연습

소꿉놀이하듯 철없이 만난 우리 부부
세월이 흘러 이제는 이별여행 준비 중
그대 손 마주잡으니 영혼만이 흐른다.

친구의 장례식장

가족과 친구를 버려놓고 먼저 가는 녀석
세상이 원망스럽더냐, 너 자신이 한스럽더냐.
배시시 웃고 있는 너 영정(影幀)사진이 얄밉다.

인연의 끈

너와 내가 어느 자리에서 만나고 헤어졌기에
나 없는 어느 순간에 벌써 다녀갔느냐?
이승을 떠난 뒤에도 밤마다 너를 만난다.

들국화 사랑

누가 찾을까 숨어 있어도 사랑하면 보인다.
누구한테 보일까 숨어 펴도 사랑하면 보인다.
숨어서 있어도 알고 사랑하면 보인다.

석류

들킬까 살며시 열어보는 꽃순이의 자궁이여
바르르 떠는 손길에 움찔하는 네 영혼
와르르 무너질까 봐 고이 접는 손길이여.

편지가 되고 싶다

나는 너에게 한 장의 편지가 되고 싶다.
절망을 함께 나누고 희망을 같이 나누는
너에게 나는 한 장의 편지가 되고 싶다.

사랑

목소리만 듣고 발자국만 들어도 안다.
속살만은 남아 지워지지 않는 너
내 곁을 기웃거리는 너는 내 안에 있다.

죽음

하늘이 눈을 감고 땅이 귀를 막았다.
설움과 한을 안고 세상이 원망스러웠나.
입마저 닫아버리니 침묵만이 남았다.

눈물

기쁘다 눈물 한 방울 슬프다 눈물 한 방울
태초에 나에게 주신 값있는 눈물 한 방울
그래도 희로애락을 엮어내는 인생의 흔적

사람

나무는 죽어서도 그 값을 지니고 사는데
사람은 죽으면 불용(不用)의 폐기물인데
아서라, 살아생전에 사람값을 다하며 살리라.

이름값

꽃은 시들어도 튼실한 열매 맺고
시냇물은 흘러서 큰 바다 이루는데
나는야 죽어서라도 이름값은 해야지.

봄바람

가만히 귀뿌리 열며 불어오는 봄바람
누굴 찾아 이렇게 떠돌아 오시나
잊혔던 옛날 인연이 바람 타고 왔으면.

소나무

모진 풍상(風霜) 이겨내는 독야청청 소나무야
밀려오는 고통일랑 뚝심으로 밀어내고
올곧은 푸른가지는 뉘 시기며 푸르더냐.

낙서(落書)

담벽에 쪼글치고 앉아 허잡스런 많은 사연
보내고 돌아오는 사연 무엇이 있으리오.
저 혼자 갈겨댄 낙서 인생살이 시원하다.

진달래꽃

김소월은 시를 쓰고 나는 진달래꽃을 먹었다.
김소월은 시를 남기고 나는 진달래 똥을 남겼다.
남겨 논 잡동사니가 이 세상을 살찌운다.

초상집

초상집 담 밑에 쭈글치고 앉은 노인네들
인생무상을 탓할 손가 가는 세월 막을 손가
죽음이 설워서인가 담배만 빨아댄다.

불효

할아버지만큼 살아서야 그때 그 말씀이
철이 덜 든 불효자식 늦게나마 새겨들어
늦었다 생각하고서 행동으로 옮긴다.

어머님 제삿날

뜨락 마루 쓸고 닦고 정갈하게 새 옷 입고
저 세상에서 오실 어머니 기다리는 제삿날
불효자 인사 올리니 너그러이 받으세요.

삶

짚세기 망가진 몸 형체조차 잃기 전
어차피 삶이란 것 한줌의 티끌인 것
이 한 몸 거두어주소 먼지티끌 하나도.

시집살이

꺼억꺼억 설움 삼켜 남은 것은 한숨일 뿐
시집살이 사십여 년 멍든 세월 어디 갔나.
부모님 맺어준 인연 맵다한들 버릴 건가.

상사화(相思花)

무슨 사연 그리 많아 마주하지 못하는가.
그리움이 붉게 타서 그 자리에 서 있는데.
운명을 거절(拒絶) 못하니 그리움만 남긴다.

고향집

뻔질나게 내닫던 길 풀 한포기 없는 옛길
망자(亡者)들은 예서제서 인동초로 버티고서
고향이 타향이 되어 낯선 얼굴 되었네.

핏줄

불효 한다 자식 탓을 무슨 낯으로 꾸중하리.
내 핏줄로 태어나서 뗄 수 없는 인연인 걸
어르고 깨우쳐 가며 품안에다 안으리.

임종(臨終)

가슴에 묻어둔 병 인고(忍苦)의 세월이 얼마
한 줌 흙으로 허망(虛妄)하게 돌아가는 인생
가는 길 그리도 멀어 고통의 나날이었나.

흔적

모래 위를 걸어간 한 줄기 발자국이
내가 살아온 팔십 년의 길고 긴 흔적이다
어떻게 남겨졌을까 업죄(業罪)를 짓고 산 나.

봉사활동

봉사하는 사람 맞아요? 예 그렇습니다만
내가 장애자라는 거 보이죠? 뭘 도와줄 건데요?
뭐든지 해드려야죠, 미처 못 챙겨 미안해요.

해장국집

시장 골목 해장국집은 속풀이 술꾼으로 붐빈다.
한 맺힌 사연 얼마나 쌓였길래 아침부터 불그레
에라이 더러운 세상 이렇게라도 풀며 살자.

산사(山寺)

노송이 마주보는 산골짝 산사에는
부처님 서서있고 스님은 누워있다.
처마 끝 풍경소리가 산을 가득 깨운다.

향수(鄕愁)

문풍지(門風紙)가 윙윙윙 몰아치는 엄동(嚴冬)밤
할아버지 헛기침이 연신 냉기(冷氣)를 몰아치는데
와다닥 고드름 짓는 겨울밤은 아직도 자정(子正).

자연의 순리

잎 돋고 꽃이 피어 열매는 익어가고
정직한 자연 순리 황홀한 자연의 신비
인간은 따르지 못해 서글프다 한숨들.

버리고 가기

가난을 도둑질해간 사람 절망을 훔쳐간 사람
모두 다 도둑질 당하고 보니 가슴이 후련하다.
모처럼 사람 구실해 이리저리 다시 봐도 사람

마지막 편지

이것이 마지막 편지다 몇 번을 벼르고 별렀건만
보내지도 못하면서 번번이 망설여 돌아섰습니다.
마지막 가는 편지가 회소식 되나 기다려져요.

용서(容恕)

죄를 지으라 했던가요, 잘못을 탓하던가요.
자신을 탓하기 전에 용서란 말 떠올랐네요.
용서를 용서해 주니 사랑의 징검다리 넘실대네요.

작별(作別)

너와 나 잡은 두 손에 영혼은 뜨겁게 흐르는데
기약 없는 약속을 믿을 수 없어 작별이 두려웠네.
작별은 또 다른 약속 영혼을 이어가리.

몸살

사랑을 잡다가 몸살 앓았네 사랑을 놓쳐 몸살 앓았네.
사랑에 지쳐 몸살 앓았네 사랑을 이뤄 몸살 버렸네.
사랑을 꼭꼭 받으니 건강 찾고 인생 찾고.

삶

삶의 무게는 얼마일까 삶의 무게는 뭘로 달까.
삶의 무게가 전혀 없다 무게 없는 삶은 허무(虛無)
허무라 생각지 말자 삶은 무게 없는 가치(價値)

당신

당신은 이승에서 내 가슴에 사랑을 엮었고
당신은 저승에서 내 가슴에 영혼을 심었습니다.
당신과 나와 두 사람 세상 끝까지 이어갑니다.

꽃

벌 나비 놀던 자리 향기는 남아있어
꽃삽을 손에 들고 다시 심은 꽃향기에
예쁘다 사랑스러운 꽃향기에 취한다.

불쌍한 예수

누굴 위해 못 박히고 창(槍)에 찔려 죽었나?
붉은 피가 낭자(狼藉)한 대지는 말이 없고
누천년 견디어 오며 통곡(痛哭)하는 예수님.

꿈속에서

꿈틀대는 흙탕 속에 처량한 비명(悲鳴)소리
아내와 허우적거리며 사경(死境)을 헤맨 나
살려줘 아내와 나는 손을 잡고 있었다.

보릿고개

보릿고개는 높지도 않고 멀지도 않건만
고개를 넘기엔 허리가 휘고 배가 꺼졌다.
허기진 보릿고개가 배부른 고속도로가 되었다.

능소화

능소화 덩굴이 어우러진 담장 위에
칠팔월 뙤약볕에 그 자태 소담지다.
그리움 꽃말 따라서 누굴 찾아 예 왔나.

노을

노을 꽃 곱게 피는 지평선 끝자락에
별들은 반짝이며 눈을 떠 깨어나고
산사의 목어소리가 계곡물을 재운다.

부메랑

세상 사람들아 좋은 말 다 못하고
입들만 성하여서 남 허물 그만 둘 것
부메랑 돌고 돌아서 내 가슴이 멍든다.

세월은 흐른다

네가 그르다 내가 옳다 이전투구(泥田鬪狗) 싸움질
법치(法治)가 무엇인고? 내로남불 탓만 하랴.
그래도 세월은 가니 사가들은 말하리.

명(命)

주사기를 꽂고 병석(病席)에 누었으니
팔십 고령(高齡) 한탄(恨歎)만 하지 말 것
늙으면 어쩔 수 없지 제명대로 살리다.

아버지

잔정이 없고 눈물도 없는 돌 같은 분
사랑의 표현 없어 가슴이 차가운 분
이승을 떠난 후에야 그 사랑을 깨쳤다.

무식

제가 제일인 양 무식한 겁대가리
빈 수레 요란하듯 날뛰고 다니지만
남들이 먼저 알았지, 너의 속 빈 껍데기

하얀 저녁

뜬 눈으로 지새운 밤 그럴 수도 있지.
분수를 지키지 않으면 불행이 온다는 것
사람은 저마다 가진 행복한 삶 살잔다.

눈동자

당신의 눈동자가 먼저 알고 거짓인 걸
아, 그랬었네, 당신 마음 진정인 걸
알았어 거짓이 아냐 알려주는 눈동자.

만남

차라리 만나지 말자 헤어짐의 유혹
기다림의 아픔 딛고 그냥 서 있네.
지나온 연륜(年輪)의 흔적 시름만이 애닯다.

아내

가슴앓이 멍이 들어 흔적 없이 버텨온 삶
운명(運命)이란 굴레는 차라리 행복이었네.
덧없는 숱한 상흔(傷痕)을 인연으로 엮었네.

법당 앞에서

가늠할 수 없는 인생 법당(法堂) 앞에 서서.
씻을 수 없는 업죄 두 손 모아 참회(懺悔)하며.
부처님 이승의 죄악 저승에 가면 용서하소서.

당신

보슬비 내리는 동녘하늘에 무지개 펴지듯
문신(文身)처럼 지워지지 않는 내 사람
당신은 내 마음 꽃님 변찮을 사랑이고 싶어.

아내

치마꼬리 잡고 놓칠세라 따라가네.
너와 나 맺은 정 천상천하 부부정(夫婦情)
여보야 너하고 나는 하늘이 주신 인연

종말(終末)

아흔 두 살 이승을 접고 훌쩍 떠나 가셨다.
장수 가문에 다재(多才) 다복(多福)한 여러 자손들
어느 것 남부러우랴 가는 님 은 인생 끝.

변덕쟁이

가시랭이 싸락눈이 오는 듯 그치는 듯
변덕스런 겨울 날씨 거친 숨결 들추면
자연과 사람 마음이 변화가 무쌍하구나.

지난 일

가다가 문득 서서 되돌아본 지난 날
허물은 벗어야지 돌려보기 했건마는
아쉬움 한(恨)으로 남아 못다 지운 회한들.

선비의 길

수백 년 담금질로 갈고 닦은 배움의 길
뭇사람 본(本)이 되어 샛별처럼 빛나거라.
농익은 선비의 정신 겨레 밝혀 주소서.

제자

비록 내 배 아파 낳은 자식은 아니지만
혈육보다 더 깊은 정 하늘 아래 오직 하나
사제(師弟) 정(情) 은사(恩師)라 하니 어디 빗대 고마울 뿐.

상여(喪輿)

상두꾼 요령소리 허전한 바람 인다.
만장(晩章)이 어지럽게 산모롱이 감도는데
어여이 구슬픈 소리 한 세상을 끌고 간다.

연민(憐憫)

목이 터져라 외쳐 봐도 눈 귀 막아 잊으려도
눈앞에 아른대는 꺾이지 않는 네 모습
죽어서 저승에 가도 영혼 되어 오세요.

성모 마리아님

두 팔만 떠억 벌리고 무엇 땜에 서 계슈?
하늘이 두려운가요, 왜 아래만 보고 계슈?
죄인(罪人)이 여기 왔수다. 보고만 게실 건가요?

십자가 예수님

가슴에 못이 박혀 수천 년 버텨온 몸
언제나 십자가에 못 박혀 계실는지
중생을 깨우치려면 팔을 벌려 서시오.

부처님

두 눈만 멀뚱멀뚱 입은 꽉 다문 채로
무엇하러 이 세상에 나와서 앉았나요?
더러운 세상 보고도 말똥말똥 부처님.

호미

등이 굽은 호미여 그 세월 얼마던가.
밭고랑을 헤집는 엄니 손 무쇠 호미
호미 날 엄니 손끝이 세월만큼 쌓인다.

지록위마(指鹿爲馬)

사람이 사람노릇하기 참으로 어려운 일
아무리 지록위마 한계가 있겠지만
사람이 인면수심(人面獸心)은 금수(禽獸)만도 못하지.

생명(生命)줄

쭉정이 밤송이가 십년을 살아가도
잔병에 콜콜대며 생명줄 이어가면
정신은 건강의 으뜸 내가 지킬 생명줄.

주석 삼불(酒席 三不)

정치, 종교, 금전 얘기는 술자리에 예외대상(例外對象)
정담(情談)을 주고받는 화기애애한 분위긴데
사소(些少)한 언쟁(言爭)보태어 등 돌리지.

버릇

모임 때 악을 쓰며 분위기 망쳐놓아
세 살 버릇 여든까지 천성(天性)이 거기까지
제 버릇 개한테 못줘 참아가며 살잔다.

이식위천(以食爲天)

지인(知人)과 마주앉은 풍성(豊盛)한 저녁식사(食事)
너도 한 잔 나도 한 잔 기울인 술잔마다
세 끼니 이식위천에 즐거운 날 되었다.

예금계좌(預金計座)

억만금이 들어있는 실명계좌 통장에다
잘못을 예금하고 칭찬과 격려 담아
따뜻한 이웃사랑을 예금하는 계좌 없다.

아기 눈

갓난아기 누워서 손발을 허우적대며
두 눈을 반짝반짝 눈 맞춤 하는 까닭은
제 핏줄 찾기 위해서 재롱피는 어리광.

똑똑한 바보

바보처럼 살아야지 눈귀 막고 살아야지.
눈 밝고 귀 밝아 바쁘게 사는 사람들
인정(人情)이 메말라 가면 그런 삶은 안 되지.

만남

웃으면서 만나고 웃으면서 헤어졌다.
내일 또 만나면 생긋이 웃어야지
만남은 환희(歡喜)의 세상 천지(天地)가 환하다.

병실에서

식욕 없고 입도 말라 아프면 열도 높아
눈은 자꾸 감기고 귀는 더 예민해져
가슴을 저미는 눈물 막지 못한 아쉬움.

사랑

아무 말도 하지 않았는데 어떻게 아냐구
내 앞에만 서면 얼굴부터 빨개지잖아
사랑이 먼저 알고서 수줍음을 알린다.

2부

연시조

어머님 산소

봄이 오면 진달래는 울긋불긋 피건마는
외떨어진 산골짝에 누워 계신 어머님 산소
뒤돌아 다시 보아도 대답 없는 어머님.

파릇파릇 금잔디는 어머님 손길인가?
산소 둘레 소나무는 오늘도 푸르르다.
한 번 간 어머님 모습 어디 하늘 가득 그린다.

여덟 자식 낳고 길러 피골(皮骨)은 상접(相接)인데
식솔(食率)들 뒷바라지 팔십 여년 짧다하고
향(香) 피고 제물(祭物) 차리며 후회(後悔)한들 무엇 하리.

단풍

수줍어 수줍어 얼굴 붉혔네.
한 마디 건네 볼까 얼굴 붉혔네.
가까이 다가가 볼까 꼭꼭 숨어 버렸네.

빨간 선지피를 온 산에 뿌렸잖아.
땅바닥에 핏방울이 뚝뚝 떨어지네.
산골짝 온통 뒤덮은 혈흔(血痕)이 끔찍하다.

삶

돈이란 돌고 돌아 있다가도 없는 것
근면(勤勉)하고 정직(正直)하면 하느님도 도우리.
돈돈아 더덜도 말고 밥 먹이나 하여라.

남들은 돈 따라 갔다가 돌아 돌아 버렸다지.
돈 것이 사람뿐이랴 땅덩이도 도는데
모두가 돌아 버려라 팽글팽글 돌아라.

이 몸이 금옥(金玉)이라면 목숨 부지(扶持) 어렵고
이 몸이 우육(牛肉)이라면 정육점 신세일 텐데
아무도 가져갈 사람 없으니 대복(大福)이라 하노라.

잘한 것은 내 몫이요 탓할 일은 남 몫이라.
한 치 사람 속이 저리도 야속할까.
내 네 탓 어디 있느뇨 모두가 내 탓인 것을.

죽장망혜(芒鞋) 배낭 메고 상상봉에 올랐더니
산상(山上)에 부는 바람 가슴을 헤집는데
흉중(胸中)에 서린 정한(情恨)을 모두 흩어 버렸다.

공수래공수거(空手來空手去)요 인명(人命)은 재천(在天)
인데
재물(財物) 모아 지고 가나 명예(名譽) 얻어 누굴 주랴.
아서라, 무주공산(無主空山)에 한 줌 부토(腐土)되련다.

신오우가(新五友歌)

고산(孤山)의 다섯 벗은 수석송죽월(水石松竹月)인데
내가 좋은 다섯 벗은 화목초천일(花木草天日)이라네.
아무리 외로울망정 다섯 벗이면 족하리.

만화방초(萬花芳草) 흐들어져 범나비 넘나들고
춘하추동 금수(錦繡)이불 방향(芳香)은 더 좋을시고.
만인이 모두 반기니 너를 좋아 하노라.

구천(九泉)에 심지 뻗고 하늘 높아 못 오르리.
풍상이 몰아쳐도 어이 싫다 역겨우랴.
저리도 말이 없으니 너를 좋아 하노라.

죽었는가 헤집으면 다시 돋아 초원 되고
칠년대한(大旱) 가뭄에도 의연한 자세러니
저리고 천년을 사니 너를 좋아 하노라.

손을 뻗어 잡을 손가 발로 뛰어 오를 손가.
일월성신(日月星辰)을 품에 안아 만물을 수용하니
청탁(淸濁)을 마다지 않는 너를 좋아 하노라.

반공(半空)에 높이 떠서 세상을 다 비추니
낮에는 일광(日光)이요 밤에는 야광(夜光)이라.
안광(眼光)이 해만 못하여 너를 좋아 하노라.

인생 허무(人生 虛無)

세상만사 허무(虛無)하여 뜰 앞에 나섰더니
앉아 생각 누워 생각 보이는 건 허공(虛空)일 뿐
여보게, 형제들이여 인생이란 고해(苦海)인 것을.

어머님 전 살을 받고 아버님 전 피를 받아
내칠 수도 버릴 수도 없는 것이 혈육이라.
탓해서 무엇 하리오 내 탓이오 내 탓이오.

빈부귀천 길흉화복(吉凶禍福) 저마다 팔자렷다.
억조창생 잉태(孕胎)하신 창조주의 심판(審判)인데
맘고생 육신(肉身) 고생이 운명인 걸 어쩌리.

요람(搖籃)에서 무덤까지 천리던가 만리던가.
젖 빨며 어린 시절 강보(襁褓)에 쌓여 컸나.
이마에 주름살만이 세월만큼 쌓이오.

뒷동산 야생화는 저 혼자 피고 지고
팔 남매 세상 넓다 흩어져 살고 지고
고독한 인생항로를 끌어주며 살리라.

아내

고운 살결 내 색시 아리땁던 아내가
뼈마디가 등걸이로 할망구가 되었다.
세월은 어서 오라며 저 만치서 손짓하네.

사랑하는 아내여 신이 주신 색시여
요모조모 뜯어봐도 우리 둘은 천생연분(天生緣分)
억만금(億萬金) 준다 하여도 당신 앞엔 티끌인 걸.

내 좋아 택한 남편 어이 아니 예쁠 손가
딸 낳고 아들 낳고 살림 일궈 지냈는데
남이야 뭐라고 한들 내 몸 바쳐 섬기리.

설 워라 설 워라 해도 시집같이 매울 손가.
층층시하(層層侍下) 바쁜 손에 어이 아니 말 많을 손
눈 감고 귀 막아가며 서방님과 해로(偕老)하리.

부귀(富貴)도 싫다하고 명예(名譽)도 마다하며
천상천하 오직 하나 서방(書房)님 뿐이라네.
당신의 넓은 가슴은 우리만의 보금자리.

불효자는 웁니다

첫아들 낳았다고 좋아하신 우리 부모
눈에 넣어도 아플 손가 애지중지 키웠더니
어버이 내치어 놓고 불효자는 웁니다.

열여덟에 아비 되고 열아홉에 어미 됐지.
효자동이 금자동이 우리 가문 재목(材木) 돼라.
부모 맘 내치어 놓고 불효자는 웁니다.

팔남매 맏이요 사형제 중 맏형 되어
부모사랑 등에 업고 폭군처럼 군림(君臨)터니
형제들 내치어 놓고 불효자는 웁니다.

더운 밥 자식 주고 찬밥이라 부모 차지
솜이불 아끼시며 겨울에도 얇은 옷을
부모 맘 내치어 놓고 불효자는 웁니다.

여보 당신 부르면서 금실(琴瑟) 좋던 우리 부모
여덟 자식 키우면서 부부사랑 부럽더니
부부애(夫婦愛) 내치어 놓고 불효자는 웁니다.

손톱 발톱 빠지도록 밤낮으로 모은 재산
여덟 자식 골고루 나눠주려 하였더니
조상 땅 내치어 놓고 불효자는 웁니다.

일가친척 그리면서 타국살이 십년 세월
베개머리 적시며 향수(鄕愁)는 몇 날 몇 밤
타국에 내치어 놓고 불효자는 웁니다.

시부모님 봉양(奉養)하고 장인장모 부모처럼
이웃 간에 귀감(龜鑑)되어 만인이 칭송(稱頌)하는
부모님 내치어 놓고 불효자는 웁니다.

너도 자식 키우면서 부모생각 해 보겠지.
자도 걱정 깨도 걱정 걱정으로 세월 삼지
부모 맘 내치어 놓고 불효자는 웁니다.

불효자도 자식이라 병중에도 자식 걱정
하두 하두 원망스러 눈 못 감던 아버지를
무덤 속 내치어 놓고 불효자는 웁니다.

향 피우고 제물(祭物) 차려 엎드려 비나이다.
살아생전 못한 효도 용서하여 주옵소서.
제상(祭床)에 내치어 놓고 불효자는 웁니다.

잔 부어 높이 들고 통곡하며 헌주(獻酒)하니
영생극락(極樂) 하시옵고 고이고이 잠드소서.
오열(嗚咽) 속 내치어 놓고 불효자는 웁니다.

산에서 사노라네

흘러가는 저 구름아 여기 잠깐 머물게나.
넓은 세상 어디 가면 하늘 땅 아니런가.
죽암정(竹巖亭) 비끼어 가면 평생 동안 후회하리.

녹수(綠水)로 잔 씻은 위에 청향(淸香)을 가득 담아
친구 한 잔 나 한 잔 한 잔 두 잔 기울인 잔
세상을 안고 있으니 어이 아니 취할 손가.

녹수에 벽공(碧空)이요 천추만세 청춘이라
산해진미(珍味) 자랑 마소 두견주에 청향이 안주로세.
강 농부 이 생원 나리 이리 와 좌정(坐定)하소.

술에 취해 취객(醉客)인가 산에 취해 취객인가
한 잔 두 잔 기울인 잔 산 도령도 취했구려.
여보소 강정규(姜貞奎) 양반 술동이가 비었수다.

무릉도원(武陵桃源) 가는 저 선비야 이곳이 어떠한가.
죽암정에 펼친 병풍(屛風) 사방이 오백 리인데
선계(仙界)가 어디 메인고 인간 세상은 아니로세.

고향 가는 길

억새꽃 너울너울 고향길이 정다워라.
청산(靑山)은 예대로되 인적(人跡)은 유한한데
고향 뜰 미루나무에 산 까치가 슬피 운다.

모락모락 고소한 연기 추석 맛을 엮어내고
소슬한 갈바람은 예나 제나 그대로인데
해 종일 놀빛 뜨거운 고향길이 새로워라.

어무이 아부이 불러 봐도 대답 없고
뒷동산 황토밭에 고구마는 알알이 큰데
제상(祭床)에 엎드려 운들 눈물로 어이할까.

영(嶺)마루 무덤가에 구절초 향기 좋아
고운 잔디 만져보면 엄마 냄새 묻어날까.
빕니다. 불효(不孝)한 자식 고이고이 잠드소서.

어머니 사망신고

아버지 여읜지 칠년 어머니마저 돌아가셨다.
고국의 전답(田畓) 꼭 한 번 보고 싶다 하시더니
머나먼 미국 땅에서 서럽게 눈을 감으셨다.

오늘 어머니 사망신고 하고 돌아오는 길
침침한 눈에 왜 그리 까마득하게 멀기만 한지
애꿎은 눈물만 흘러가는 길을 멈춘다.

화개장터에서

섬진강 물결 위에 사월 훈풍 흐늘대고
구불대는 물결 따라 상춘객이 끝없는데
계절의 순환(循環)을 따라 꽃바람만 일군다.

꽃 찾아 불원(不遠)천리 가볍게 와서 보니
화장 않은 수줍은 산골 색시 마음 닮아
화사한 수줍은 얼굴 흐드러진 벚꽃들.

덩더쿵 화개장터 놀이패와 어울려서
거나한 술 한 잔에 신명나게 몸 흔드니
남도의 풍월소리에 세상만사 흥겹다.

무릉도원이 어디 메인가 예가 바로 그곳이라.
오르락내리락 제첩 잡는 아낙은 무심한데
어디서 멧새소리가 춘흥(春興) 불러 오누나.

부여(扶餘)를 찾아서

화사한 봄기운에 사비성을 찾았더니
낙화암 절벽 위에 고란초(皐蘭草) 청초하고
백마강 푸르른 물은 어제런 듯 말없다.

칠백 역사 백제 멸망 의자왕의 잘못인가.
백성이 사분오열 나라꼴 종말(終末)인데
민족혼 어디 갔는고 국가 정체성을 되찾으리.

삼천궁녀 한을 품고 백마강은 흐르는데
소정방 낚은 백마 어디에 매놓았소.
고란사 풍경소리는 백제유민의 비명(悲鳴)인가.

소정방 끌어내어 형방곤장(刑房棍杖)으로 다스리고
계백(階伯)을 모셔다가 남북통일 담론(談論) 나눠
삼 충신(忠臣) 불러내어서 민생복지 세워보세.

등산(登山)

구름은 산을 오르고 나는 산을 내려가는데
한 발 두 발 발자국 따라 무슨 사연 남았을까.
구름이 등 떠밀면서 어서 빨리 가자하네.

타닥타닥 걷는 길 엄마 따라 걷는 길
십리 길도 멀지 않고 백리 길도 가까워
하나 둘 발자국 헤며 기분 좋아 걷는 길

동생들아

미우면서 사랑스런 일곱 동생들아
어미젖을 밀치며 빨아대는 돼지새끼
틈실히 자라났으니 어울렁 더울렁 평생가자.

맏형 잔등에 철퍽 오줌 싸대며 자란 동생
너도 커서 어른 되니 맏형 심정 알 듯 하냐?
이제는 옛날이야기 나누며 우애를 잡아두자.

어머니

영혼과 육체를 태어날 때 자리에 내맡긴 채
하나하나를 정리(整理)하고 계신 지도 모르지
마지막 가느다랗게 애처로운 숨소리뿐.

낳고 기르고 가르쳐 주신 거룩한 손이다.
걸죽한 밥상을 위해 먹거리를 장만하신 손이다.
소나무 등커리처럼 망가진 억척을 부린 손이다.

게 껍데기처럼 아무렇게나 내던져진 빨래처럼
우람하시던 육신은 무게와 부피를 줄였지만
전율을 찌르르 타듯 엄마 사랑이 휘감고 돈다.

아내와 남편

아내가 집안의 꽃이라기에 화분(花盆)을 다 치웠지.
오직 하나 남은 돌아다니는 아내라는 사랑꽃
아뿔사 잘못 골랐네. 쌤통만 부리는 미운 꽃.

여자보다 아름다운 아내 남자보다 듬직한 남편
말없는 아내 남편은 서로 눈치로 말하고 답한다.
그래도 떠나지 않고 영혼은 부부 곁을 맴돈다.

다다 닥닥 아내의 칼질소리가 맥(脈)이 없다.
세월의 연륜(年輪) 따라 이제는 힘이 부치는가.
식탁을 마련해 주는 늙은 아내가 서럽다.

너

힘겨운 삶의 무게로 속마음이 막막할 때
눈망울이 시리도록 바라보고 싶은 너였다.
영원한 위안(慰安)이 되고 지워지지 않는 너였다.

오랜 세월 한 세상을 다 돌아보면서도
그리운 눈물방울이 그칠 줄 모르겠더니만
붙잡지 못한 네 아픔 지금도 가슴이 저민다.

그리운 사람

한번쯤은 그대에게 그리운 사람이고 싶다.
내 이름 불러 주지 않아도 기억해 주는
수없는 세월 지나도 그대에게 떠오르는 사람으로.

마음이 아픈 건 사랑하는 사람이 많기 때문
괴로움이 많은 건 미운 사람이 많기 때문
그러나 미움이 없이 사랑만으로 살 수 있을 테요.

영동 찬가(永同 讚歌)

영국사(英國寺) 천년고찰(千年古刹) 가파른 길 오르니
육백년(六百年) 장수(長壽) 행목(杏木) 지심(地心)을 밟고 서서
만산(萬山)을 아우르고는 하늘 높이 솟았네.

너도 한 잔 나도 한 잔 와인 한 잔 정분(情分) 나눠
연분홍 홍시(紅柿) 볼이 내 각시 볼에 비길 손가.
영동의 가을 정취(情趣)는 감고을 맛에 취하네.

천태산(台山) 정기(精氣) 솟아 영동 동네 살찌우네.
경부선(京釜線) 기차(汽車)들도 숨 고르고 쉬어가네.
여기가 신선계(神仙界)이뇨, 선객(仙客)되어 살고지고.

이태백(李太白)이 여기 앉소, 고산(孤山) 선생 한 수(首) 읊소.
천하묵객(天下墨客) 다 모였네 영동 동네 푸지구나.
일 년은 삼백육십일 감고 을이 곱구나.

여보야

어울렁 더울렁 지내다가도 아귀다툼 몇 십 번
하늘이 내린 인연(因緣)인데 당신은 나의 반려자(伴侶者)
여보야 내 잘못이야 당신 가슴에 품어줘.

얼마나 원망(怨望)했을까 얼마나 분(墳)했을까?
하늘 아래 한 남자 당신(當身) 앞에 기댔는데
하 많은 넋두리들을 후회(後悔)하면 뭣하나.

3부

동시조

지우개

글씨 쓰다 틀렸다 지우개로 싹싹
친구 돈을 훔쳤다 가슴이 아프다.
더러운 손 더러운 맘 흔적 없이 싹싹싹!

바람

발도 없이 뛰어 간다 날개 없이 날아간다.
높은 산도 훨훨 넘고 넓은 강도 훌훌 건너
심심해 장난치면서 혼자 절로 신바람.

칭찬

꽃도 예쁘다 칭찬하면 향내며 곱게 크고
과일도 맛있다 칭찬하면 탱탱하게 잘 여문다.
아기도 예쁘다 칭찬 몸과 마음 쑥쑥 큰다.

새싹

흙덩이를 빼꼼히 쳐들고 봄이 어디쯤 오나?
보슬보슬 봄비에 정신 번쩍 얼굴 씻고
아가야 기지개 켜면 봄은 내 앞에 다가와요.

그네

힘차게 힘을 주자 그네 줄을 밀며 땡기며
훨훨 날아보자 산마루까지 하늘까지
한 마리 파랑새 되어 별을 보고 하늘 보고.

채송화

키다리 해바라기꽃 담 너머 동네 구경
나팔꽃 덩굴손 뻗어 울타리 넘보다가
채송화 앙증맞구나 발돋음한 앉은뱅이.

저녁달

시장 가신 엄마가 어디쯤 오시는가.
한 발 두 발 내친걸음 서낭당에 닿았을 때
으스스 까만 여름밤 달이 살짝 보듬어요.

옹달샘

구름이 지나가며 요기조기 비춰 보고
푸른 산도 세수하고 얼굴 한 번 비춰주고
해맑은 산골 옹달샘 화장품도 필요 없대요.

산골집

고샅길 따라 외딴 산골집 안마당에
해님이 찾아왔다가 심심해 그냥 가고
마루 밑 복실 개 혼자 컹컹대며 집을 본다.

박꽃

휘영청 달빛 아래 수줍게 혼자 피어
바람에 흔들대며 이집 저집 기웃거리네.
복실한 솜털 꽃 피워 둥근달 애기 낳는대요.

봄바람

봄바람은 진달래 개나리꽃 피워놓고
들판으로 내려와 농부들 땀 닦아주다가
꽃노을 무등 타고서 이 골 저 골 살핀다.

꽃씨

꽃씨 속에는 빨강 노랑 파랑이 숨어산다.
꽃씨 속에는 알록달록 꽃나비가 숨어산다.
무지개 오색 다리도 꽃씨 속에 놓여있다.

금붕어

어항 속 금붕어들이 잔치 잔치 벌였다.
금박이 은박이 옷 곱게 곱게 차려입고
오색등 번쩍거리며 무도회를 열고 있다.

감꽃 목걸이

하나 둘 떨어지는 감꽃을 실에 꿰어
보석보다 더 값진 목걸이 걸어 주던
할머닌 떠나셨어도 젖빛 감꽃 피고 진다.

느티나무

동네 어구에 길게 누운 느티나무 할아버지
재잘재잘 참새들이 품에 안겨 쉬어가고
까불이 동네 꼬마들 할아버지 사랑 속에 잘 큰다.

아, 궁금하다

하늘에 별무리 총총 낮에는 어디 숨었나.
하늘 높이 둥근 해 밤에는 어디 숨었나.
아, 나는 궁금한 것이 왜 이렇게도 많을까.

세종이 만드신 훈민정음

훈민정음은 백성을 가르치는 바른 소리라네.
쉽게 배워 일상생활에 편리하게 쓰자는
세종의 실용주의는 첫 번째 정신이라네.

세종은 백성을 섬기고 사랑하는 성군이라네.
제 뜻을 펴지 못하는 이를 위해 만드셨으니
세종의 애민주의는 두 번째 정신이라네.

한글은 세계 글자 가운데 으뜸이라네.
중국말과 문자가 통하지 않으니 문화자립을 위한
세종의 자주주의는 세 번째 정신이라네.

으뜸 임금 으뜸 한글

자음 모음 모두 합해 스물 넉 자로
위아래 오른쪽 왼쪽 맞추어 쓰면
사람은 다르지마는 글과 말은 똑 같아라.

세종대왕 할아버지 훈민정음 만드셨네.
으뜸일세 자랑일세 우리 임금 우리 한글
바르고 올바르게 써 문화한국 일궈내리.

말(언어)

무심코 건넨 말이 독이 되어 피해를 주고
뱉은 말씨 해독 되어 여러 사람 상처 준다.
세 치 혀 칼보다 세다 챙기고 조심하세.

바른 말 올바른 말 쓰기 좋고 읽기 좋고
고운 말 아름다운 말 듣기 좋고 기분 좋다.
나라 글 바르게 써서 조상 얼 빛내 보세.

어린이는 아이답게 어른은 어른답게
귀엽고 점잖은 말 서로 나눠 화답하니
말끝에 묻어나는 정 너와 내가 하나 되네.

영어는 미국 말 불어는 프랑스 말
겨레마다 말이 있고 나라마다 글이 있지.
한글은 우리나라 글 갈고 닦아 물려주세.

빈 가슴

텅 빈 가슴 무엇으로 가득 채워볼까
사진 한 장 보듬어 안고 눈물로 채워본다
엄마야, 찌리링 울려 가슴 아련히 다가온다.

산도라지

앞산 골짜기에 바람만 솔솔 일렁이는데
반기는 이 없어도 산도라지 도리도리 피네.
산새야 외로운 나랑 산골 친구 하겠니?

별똥

별 하나 주루룩 별 둘 주루룩 어디로 가나.
아기별이 헤매다가 길을 잃었나 봐.
막내별 슬피 우는데 해님이 환하게 달래주네.

이리로 주룩 저리로 주룩 술래잡기 하나봐.
아니야 이리저리 가다가 길을 잃었나 봐.
엄마별 혼자서 슬퍼 어린 것들 찾아 헤매네.

봉숭아꽃

봉숭아꽃 곱게 핀 고향 생각 새로워라.
손톱에 꽃물들이던 작은언니 어디 갔나.
햇볕이 살짝 내리는 장독대는 그대로인데.

개나리 울타리

네 집 내 집 울타리 사이에 노랑 개나리
옆 집 보고 안녕하세요? 내 집 보고 안녕?
개나리 울타리 넘어 오고가는 밝은 웃음.

그네

하늘까지 훠얼훨 어디까지 가았냐?
두둥실 뭉게구름은 발끝을 간질이고
그네 탄 선녀 천사는 하늘나라 꽃이로세.

두웅두웅 밀어라 하늘까지 끝까지
내려간다 비켜라 거칠 것이 없구나.
온종일 오르내리락 하늘땅이 넓구나.

봄이 오는 길

꽃몽울 동글동글 열까말까 망설이는데
꽃잎이 화알짝 여니 봄도 화들짝 열리고
고샅길 골목길 따라 속살보이는 봄날이여.

언제쯤 내다볼까 열까말까 꽃봉오리
지나는 새바람이 살짝 살짝 얼려주면
수줍어 얼굴 붉히며 열어보는 환한 얼굴.

까치집

진달래꽃 다북다북 곱게 핀 골짜기에
미루나무 꼭대기에 어질어질 까치집
바람에 흔들대면서 새살림 차렸다네.

엄마까치 아빠까치 꼬리를 나불대며
다정스레 사랑 나누며 차린 보금자리에
올해는 예쁜 아기가 몇이나 태어날까.

까악 까악 까치야 우리 집에 들려다오.
네가 오면 반가운 손님이 오신다는데
돈 벌러 서울 간 언니 예쁜 선물 사올까.

엄마

다시 애기가 되어 응애응애 울고 싶어라.
다시 애기가 되어 엄마 젖 쪽쪽 빨고 싶어라.
또다시 애기가 되어 아장아장 걷고 싶어라.

내 마음

꾸중 한 번 듣고 땅 한 번 쳐다보고
칭찬 한 번 듣고 하늘 한 번 쳐다보고
내 마음 변덕스러워 울다가 웃음 짓네.

웃음

까르르 아가 웃음 이빨 하나 보이고
너털웃음 할아버지 주름 하나 펴지고
귀여운 아가 웃음에 할아버지 만만세.

사랑 꽃

제비 닮아 제비꽃 해 닮아 해바라기꽃
눈물 난다 상사화 잊자 잊자 안개꽃
기뻐도 슬퍼도 웃자 나를 닮은 함박꽃.

예쁜 꽃

노랑꽃이 빨강꽃 보고 내가 너보다 예뻐
빨강 꽃이 파랑꽃 보고 내가 너보다 예뻐
꽃들이 자기 자랑에 서로 예뻐다 웃음꽃.

꿈

꿈이 별이 되어 반짝입니다. 한 둘 셋 넷…
하늘은 별천지 나는 꿈이 많은가 봅니다.
꿈 많은 미래 청소년별이 되어 빛나네.

복실 개

보신탕 집 앞에 복실 개가 앉아 있다.
사람들은 들랑날랑 혓바닥만 날름날름
복실아 너도 배고파 보신탕이 먹고 싶니?

파도

파도가 부르네요 엄마 제발 가지 마
파도가 붙잡네요 아빠 제발 가지 마
부모는 들은숭 만숭 파도는 숨이 차네.

대통령

대통령 얼굴이 신문에 커다랗게 나왔다.
신문이 길바닥에 너펄너펄 떨어졌다.
모두들 밟고서 간다. 대통령도 별거 아니군.

신작로

타닥타닥 걷는 길 엄마 따라 걷는 길
십리 길도 멀지 않고 백리 길도 가까워
하나 둘 발자국 헤며 기분 좋아 걷는 길.

넓은 세상

땅덩이를 박박 긁어 하하 허허 웃겨보자.
바닷물을 퍼 올려서 냉수마찰 닦아보자.
온 누리 잡스런 것들 웃으며 닦아보자.

손잡고 웃어주면 마음은 하나인데
동서양 흑백 인종 너와 나 나누어 가면
사랑도 인정도 하나 마음도 모두가 하나로세.

총칼 잡고 부릅뜬 눈 사랑으로 감싸주어
오대양 육대주민이 가족이요 이웃인데
베풀고 나누면서 사랑으로 보듬어 보세.

너와 내가 웃으면 산도 들도 덩달아 웃는다.
너와 내가 춤추면 나무도 풀도 따라 춤춘다.
모두가 한 맘이로세 넓은 세상이 하나로세.

해돋이

앗! 뜨거, 펄펄 끓는 시뻘건 용광로 쇳물
밀려오고 밀려가고 세상을 일순에 살라버려
억만 겁(劫) 삼라만상(森羅萬象)을 한순간에 삼켜버리네.

길

외로운 길 스쳐가고 괴로운 길 비껴가고
외로운 길 험악(險惡)한 길 그래도 걷는 길
끝없는 길 바라보며 나만의 길 헤쳐 가네.

엄마

엄마 손가락만 만져도 스르르 잠이 오고
엄마 숨소리만 들어도 근심걱정 사라지고
엄마는 마음의 고향 영혼까지 오고가네.

할머니 약손

내 배는 똥배 할머니 손은 무면허 약손
벌겋게 곪은 상처는 대추나무 가시가 주사기
새빨간 눈다락지도 송곳 하나로 해결하는 돌팔이 의사.

봄

도란도란 땅 밑에서 들려오는 은밀한 소리
동장군이 물러가는 꽁무니에 봄은 서성이는데
사알짝 풍기어 오는 남쪽나라 향긋한 냄새.

마음

밉게 보면 예쁜 꽃도 잡초로 보이고
예쁘게 보면 잡초(雜草)도 향기롭게 보여요.
그렇지 미운 게 있나 내 마음이 예뻐야지.

단비

가뭄 끝에 단비 오니 만물이 소생(蘇生)하네.
생명수 내려주는 하늘의 고마움인데
자연의 은혜(恩惠)로움을 감사하고 보듬어 주세.

별동네

아기가 별이 되고 할머니가 별이 되었어요.
아빠가 별이 되고 엄마가 별이 되었어요.
별 속에 사랑하는 이 오순도순 살아요.

고운 세상

새들이 노래하고 꽃들이 웃는 고운 세상
아가들의 웃음으로 밝게 여는 고운 세상
얘들아, 마음껏 뛰자 이 세상 우리들 세상.

새싹

얼굴이 보인다 해님이 응원하네.
얼굴이 화들짝 노란 싹이 두런댄다.
양지쪽 새싹들 모여 어영차 밀고 떠밀고.

내가 처음으로 시조에 매혹(魅惑)된 것은 1945년 광복 후 초등학교 5,6학년 때 국어득본(國語讀本)에 〈김상옥(金尙沃)〉의 '봉숭아' 연시조(聯時調) 2수(首)와 정몽주의 단심가(丹心歌), 이순신의 충효가(忠孝歌), 성삼문의 충절가(忠節歌), 김종서의 대장부가(大丈夫歌), 이퇴계(李退溪), 이율곡(李栗谷)의 시조, 윤선도의 오우가(五友歌), 정철의 관동별곡(關東別曲) 등을 배우면서부터다. 광복(光復)은 되었지만 곧 이어 찾아온 한국전쟁으로 애국애족(愛國愛族) 정신(精神)을 계몽(啓蒙)하기 위해서 교과서(敎科書)에 이런 애국적 시조가 많은 지면(紙面)을 차지했다. 한국전쟁이 막바지에 치닫던 1953년 중학교 2학년, 3교시 국어시간,

논개(論介)

거룩한 분노(憤怒)는 종교(宗敎)보다도 깊고
불붙는 정열(情熱)은 사랑보다도 강하다.
아, 강낭콩 꽃보다도 더 푸른 그 물결 위에
양귀비꽃보다도 더 붉은 그 마음 흘러라.

아리땁던 그 아미(蛾眉) 높게 흔들 리우며
그 석류 속 같은 입술 죽음을 입 맞추었네.

아, 강낭콩 꽃보다도 더 푸른 그 물결 위에
양귀비꽃보다도 더 붉은 그 마음 흘러라.

흐르는 강(江)물은 길이길이 푸르리니
그대의 꽃다운 혼(魂) 어이 아니 붉으랴.
아, 강낭콩 꽃보다도 더 푸른 그 물결 위에
양귀비꽃보다도 다 붉은 그 마음 흘러라.

시인(詩人) 수주(樹州) 변영로(卞榮魯) 지음 '논개(論介)'를 국어선생님은 침이 마르도록 우리나라가 처한 상황(狀況)을 설명하면서 국어시간을 보내는데, 아침밥도 변변히 먹지 못하고 6킬로미터를 걸어와 수업이 시작된 6월의 따가운 초여름 햇볕이 사정없이 내리쬐는 교실, 딱! 배고픔과 햇볕과 피곤(疲困)함이 겹쳐 책상에 엎어진 채 잠든 머리에 국어선생님의 냉혹(冷酷)한 회초리가 일격(一擊)을 가하고 있었다. 따끔한 아픔도 잊은 채 배움에 대한 열망(熱望)은 솟구쳐 올랐다. 그때부터 '논개'는 물론 중 · 고등학교 교과서에 나오는 시(詩)와 시조(時調)를 메모해 호주머니에 항상 넣고 다니면서 지금까지 암송(暗誦)하기를 게을리 하지 않았다.

고등학교 국어시간 수업(授業) 시작(始作) 전(前) 국내외(國內外) 유명시(有名詩)를 감정을 살려 리드미컬하게 한 편 암송해 주면 조용한 수업분위기도 조성(造成)되고 문학에 관심(關心)을 유발(誘發)시키는 작용(作用)도 되었다. 지금도 제자들 모임이나 어떤 모임에서 시(詩) 한 편(篇)을 낭송(朗誦)해 주면 분위기(雰圍氣)도 한껏 부드러워지고 고즈넉하게 차분해짐을 느꼈다. 중2때 중 · 고교 학생용'학원(學園)' 월간지 인기가 좋았는데 책값이 없어 동급생(同級生) 친구한테 빌려 하루저녁에 다 읽어치우고 다음날 돌려주기도 했고, 스티븐슨 작 '보물섬'이라는 해적소설을 밤새워 읽고 난 다음날 수업시간에 곯아떨어져 복도로 쫓겨나가 벌을 받기도 한 기억이 난다.

2016년 4월 따뜻한 봄날 초등학교 제자들의 초대(招待)를 받아 천안(天安)에 간 적이 있었다. 환갑(還甲)이 지난 여학생 제자가 옛 담임한테 보여줄 것이 있다며 가방에서 헐고 낡은 공책 한 권을 꺼내 놓았다. '글짓기 학습장' 아직도 낯익은 표지(表紙) 글씨가 희미하게 빛바랬는데 내용을 보니 4학년 때 하루 수업 마지막 시간이면 다 같이 글짓기, 일기쓰기를 한 공책이었다. 빨간 색연필로 고쳐주고 말미(末尾)에 내 이름 석 자를 넣어주었는데 50년 훨씬 지난 지금까지 간수(看守)하고 있으면서 자녀들 키우며 교육 자료로 쓰기도 하고 선생님 생각도 가끔 해 본다며 자랑까지 하였다.

읽을거리가 귀했던 그 당시 윤석중, 박경종, 강소천, 박목월 등의 동요와 동시, 마해송, 어효선, 최태호, 박화목, 방정환 등의 작가가 쓴 동화(童話)는 아이들에게 큰 희망(希望)과 감동(感動)을 주었고, 특히 경상북도 대구(大邱)의 초등학교 4학년 가난뱅이 껌팔이 소년 이윤복이 쓴 '저 하늘에도 슬픔이'라는 일기집(日記集)을 매일 몇 쪽씩 읽어주었는데 "아이 불쌍해, 어떻게 저럴 수가…"하면서 동병상련(同病相

憐)의 심정에서 눈물을 흘리며 공감(共感)을 일으키기도 했다.

서울의 부유(富裕)한 초등학교와 신문사, 잡지사 등에 시골학교 어린이들의 간곡(懇曲)한 편지를 보내 많은 동화집과 학습용구를 지원(支援)받기도 하였고, 당시 KBS합창단원이며 아역(兒役)배우였던 안인숙 꼬마의 전폭적(全幅的)인 후원은 지지리도 가난했던 시골아이들에게 정신적으로 물질적으로 크나큰 도움이 되었다. 1060년대 초등학교 근무 시 시골 벽지(僻地)학교에서 담임했던 제자들이 시멘트 포장지, 도화지, 학습장 쪽지 등에 아무렇게나 쓴 글을 꼬박꼬박 모아 두었다가 2007년 40여 년이 지난 뒤 '꽃밭에서 노는 꽃사슴'이란 시집(詩集)을 엮어 작품 하나하나 작품 평을 붙여 나누어 주었더니 자기가 쓴 글을 까맣게 잊어버리고 '이것이 정말 내가 썼나?'하고 의아해 하면서도 좋아했던 모습이 떠오른다.

여러 학교로 전근(轉勤)을 다니고 이사(移徙)를 다니면서도 어쩌자고 이 종이 뭉텡이를 버리지 않고 싸들고 다녔는지 나도 잘 모르겠다. 이 시집 속의 제자들이 이제 60대에 접어들어 어엿한 가장(家長)이 되었을 텐데 원만(圓滿)한 가정과 사회생활 하기를 빈다. 현직(現職)에 있을 때부터 써오고 있는 일기장 속에 제자들의 역사(歷史)가 낱낱이 기록(記錄)되어 있어 가끔 뒤적거리며 회상(回想)해 보기도 한다. 초등에서 15년, 중학교에서 4년, 고등학교에서 18년, 37년간 담임

(擔任)으로 만난 제자들의 얼굴이 하나하나 떠오를 때면 너무도 많은 세월이 흘러갔구나 하는 허무(虛無)한 생각에 서글퍼지기도 한다.

며칠 전에는 39살 노총각(老總角)제가(弟子) 가애인(愛人)이 생겼다며 좋아하면서 주례(主禮)를 부탁하기에 "아무렴. 네 결혼주례는 딱 나야, 나"늙은 것이 분수(分數)도 모르면서 좋아했다. 이런 내 삶의 작은 조각들이 하나하나가 시조(時調)로 엮어져 글로 선을 보인다 하니 작품 수준(水準)이야 어떻든 당사자(當事者)인 나는 그저 좋기만 하다. 많은 문학동호인(同好人)들로부터 자작저서(自作著書)를 무상(無償)으로 받기만 했는데 나도 보은(報恩)할 기회가 되어 기쁘기도 하다.

나는 사람 복(福)을 많이 타고났다. 부모님, 여섯 동생들의 미국 이민(移民)으로 국제고아가(國際孤兒) 되었지만 초등, 중등학교의 동창들과 교유(交遊)하고 있고, 40여 년간 맺은 직장 동료(同僚), 각종 봉사활동(奉仕活動)을 하면서 엮어진 자원봉사자, 문학 활동을 하고 있는 선후배 문인(文人)들, 특히 초 · 중 · 고교의 수많은 제자(弟子)들이 나에게 큰 버팀목이 되고 있다.

올해로 11년째 이어오고 있는 어르신한글학교는 70,80대 어르신들이 매일 두 시간씩 국어, 수학, 노래, 그리기, 건강교실, 일반상식 등 교육과 외래강사 초빙(招聘), 현장체험활동을 병행(竝行)하고 있는데 학교라고는 문전(門前)에도 가

보지 못한 것이 한(恨)이 되어 지팡이를 짚고 절뚝거리며 불편한 몸으로 하루도 빠짐없이 오시는 걸 보면 살아야 할 삶이 얼마 남지 않았는데도 무엇을 배우겠다고 오시는지 거룩하고 존경스럽기만 하다. 자손들이 용돈을 넣어줘도 찾을 줄 몰라 은행전표(銀行傳票) 쓰는 법을 배워 처음으로 돈을 찾아보고 너무도 기뻤다는 얘기 등은 그들만의 배움에서 얻은 대만족이었을 것이다.

내년에는 초등학교 과정을 이수(履修)한 어르신들에게는 국가에서 인정하는 소정(所定)의 졸업장을 수여(授與)토록 교육청과 협의(協議)할 예정이다. 올해에는 11년간 축적(蓄積)된 어르신들의 솜씨를 모아 작품집을 만들고 있는데 대한민국에는 아마 이런 희귀(稀貴)한 문집이 없을 것이며, 그 어느 무엇보다도 훨씬 값어치가 있다고 자부(自負)하고 싶다.

영감님 산소

신관순(83세. 어르신문해학교 4년간 재학)

몇 년 만에 써 보는 / 남편 이름인가요.
까막눈으로 / 살아생전
사랑하는 남편인데 / 이름을 쓸 줄 모르다니
영감님 이름 석 자 / 죽기 전에 한번 써 보자.
여든 세 살 늦은 나이지만
한글학교에서 틈틈이 배운 솜씨로
'전덕진의 묘' 이렇게 써서
파란 잔디 묘 앞에 세워줬더니

고마워 자랑스러워
영감이 땅 속에서 / 허허허 웃어 주네요.

20대 총각시절부터 봉급의 3%정도를 도서구입비로 지출하다 보니 퇴직 무렵 5천여 권의 단행본, 월간지, 전집 등 개인도서가 모아졌다.

아내는 매일 걱정이다. 당신 죽으면 저 책들을 어찌 처리해야 하느냐고. 그래서 좋은 곳에, 필요로 하는 곳에 기증(寄贈)해야겠다고 마음먹었다.

대전 지하철 문고에 200권, 대전 서구청에 500권, 병원 두 곳에 400권, 노인정에 250권, 국문학과 자녀를 둔 제자 세 명에게 1,500권, 노인복지관에 300권, 국어과 담당 후배 동료한테 800권, 그리고 새벗, 학원, 샘터, 좋은 생각 등의 월간지는 고물상에 버렸다. 지금도 계간문학지, 문우(文友)들이 보내주는 단행본 등이 매월 20여권씩 배달되는데 1년 지나면 '독서하는 우리 엄마 아빠 똘똘해지는 내 아들 딸. 기증자-대전 도마2동 권영국'표지 뒷면에 이런 표어를 붙여서 제자들이나 지인들 모임 때 나누어준다. 책꽂이에 다 꽂지 못해 방 한구석에 쌓아놓았던 책들을 모두 정리하고 나니 빈집같이 썰렁한데, 내 손때가 묻은 책들인데 하는 아쉬움이 사라지지 않는다. 책꽂이에 사장(死藏)시키면 무엇 하나 누군가 필요한 사람한테 갔겠지 하면서 자위(自慰)하고 있다.

요즘 나이자신 분들 사이에서 자서전(自敘傳) 쓰기 운동이 한창이다.

기약(期約) 없이 갈 날이 얼마 남지 않은 상황에서 지나온 세월을 반성하고 후손들에게 길잡이가 될까 하는 조심스러운 생각에서 기록으로 남겨 보자는 뜻일 게다. '이동(移動)하는 박물관(博物館)'을 자처(自處)하는 어른들이 겪어온 사실들을 남겨놓는다는 것은 역사의 생생한 기록인 것이다. 부끄러울 것도 없고 자랑할 것도 없다. 문학적인 가치를 논할 필요도 없다. 있는 그대로의 기록이 자기(反省) 반성이요, 자기 성취(成就)요, 자기 역사(歷史)인 것이다. 서예, 미술, 음악, 독서, 문학 등은 끊임없는 자기 계발(啓發)이요, 자기 성취(成就)인 것이다. 이러한 활동이 삶을 넉넉하게 해주고 삶의 의미를 부여(附與)해 주는 것이 아닌가 긍정적으로 생각해 본다.

내가 써 온 글감은 주로 가족관계다. 혈연(血緣)으로, 인연(因緣)으로 맺어진 밀접한 사이여서 동고동락(同苦同樂)을 늘 같이 해 온 관계로 자연히 희로애락(喜怒哀樂)을 같이 공유(共有)하기 때문일 것이다. 아내에 대한 애젓한 애정, 자식들에 대한 끊임없는 애증(愛憎), 부모 형제들 간에 벌어지는 갈등(葛藤), 이런 것들은 인간이기에 누구나 겪는 사랑의 고리요 수시(隨時)로 일어날 수 있는 갈등이기도 하다. 나이를 들면서 정신적으로 소외감과 고독(孤獨)된 심정을 지울 수 없는 처지에서 사람이라는 그리움을 찾기 마련이었다. 만남이라는 인연이 너무도 고맙고 반갑다.

눈앞에서 살랑거리며 알쫑대는 가족들
삶의 의미를 그려주는 사랑의 그림자
한 세상 인연 앞에서 부비며 살아가자.

산다는 것, 사람이라는 것, 인연이라는 것, 한 세상 이렇게 살아보니 물 흘러가듯, 바람 떠가듯, 그렇고 그런 것이라고 하면서도 지나고 보니 돌이킬 수 없는 후회(後悔)가 되고 미련(未練)이 남고 이젠 푸념이나 하면서 나날을 마감(磨勘)하는 게 아닌가 하는 허망(虛妄)한 마음이다. 신(神)의 계시(啓示)가 있어 주어진 대로 살아왔으면 이런대로 만족(滿足)하고 살자. 이것이 오늘을 사는 가장 큰 행복(幸福)이라고 생각하자. 오늘도 나는 지금 이 자리에서 그대를 떠올리며 행복을 노래하고 있다.

세월의 흔적

권영국 시조집

발 행 일 | 2018년 3월 10일
지 은 이 | 권영국
발 행 인 | 李憲錫
발 행 처 | 오늘의문학사
출판등록 | 제55호(1993년 6월 23일)
주 소 | 대전광역시 동구 대전로867번길 52(한밭오피스텔 401호)
전화번호 | (042)624-2980
팩시밀리 | (042)628-2983
전자우편 | hs2980@hanmail.net
다음카페 | cafe.daum.net/gljang 문학사랑 글짱들
다음카페 | cafe.daum.net/art-i-ma 아트매거진(아띠마)

공 급 처 | 한국출판협동조합
주문전화 | (070)7119-1752
팩시밀리 | (031)944-8234~6

ISBN 978-89-5669-900-4
값 9,000원